NATIONAL GEOGRAPHIC

Peldaños

BIENVENIDO A
CHINA
ALREDEDOR DEL MUNDO

¡BIENVENIDO A CHINA!

por Cynthia Clampitt

> ¡Imagina que intentas encontrar a un amigo en esta calle! Los compradores saturan el distrito de compras en Shanghái, China.

¡DILO EN CHINO!

qíng significa "por favor"

xièxìe significa "gracias"

¿Ní hăo mā? significa "¿Cómo estás?"

ᴇɴ MOVIMIENTO

¿Sabes cuánto es mil millones? Si contaras hasta mil millones, te llevaría más de 30 años. El número de personas que viven en China, o la **población** de China, es casi mil millones y medio. ¡Son muchas personas! China tiene más población que cualquier país del mundo.

¿Dónde viven mil millones y medio de chinos? Como los habitantes de los Estados Unidos, el pueblo de China vive en diferentes tipos de comunidades. Por muchos años, la mayoría de los chinos vivía en **aldeas**. Una aldea es un tipo de comunidad. Es más pequeña que una ciudad y por lo general se ubica en el campo. En las aldeas chinas, muchos trabajan como granjeros.

Recientemente, muchos aldeanos se han mudado a las enormes ciudades de China. En las ciudades, muchas personas trabajan en fábricas u oficinas en lugar de granjas. Las ciudades de China son muy ajetreadas. Shanghái y Pekín, dos de las ciudades más grandes del mundo, suelen estar abarrotadas de personas. En todas partes de China, las personas siempre están en movimiento.

Wó hén hǎo. significa "Estoy muy bien".

wǒ jìao significa "me llamo"

zài jìan significa "adiós"

UNA AJETREADA VIDA EN LAS ALDEAS

Las aldeas chinas son más pequeñas y menos pobladas que las ciudades. Pero las personas que viven en las aldeas están muy ocupadas. Algunos aldeanos trabajan como maestros en las escuelas y doctores en los hospitales. Pero la mayoría de los aldeanos son granjeros. Los granjeros chinos tienen que cultivar muchos alimentos para alimentar a la enorme población de su país y alimentar a su propia familia.

Muchos granjeros chinos cultivan arroz o trigo. Estos cultivos crecen bien en China. Pueden usarse para hacer muchos alimentos. Los niños ayudan en la granja de su familia cuidando a los animales de la granja, como las ovejas y las cabras. Reúnen leña para que la familia cocine su comida. Los niños también recogen frutas de los árboles frutales y las venden en los mercados cercanos.

Siempre hay tiempo para divertirse después de hacer las tareas de la granja. Los niños corren carreras hasta los mercados de la aldea. Flotan en los ríos en balsas planas y pasean en bicicleta en los caminos del campo.

> Los niños que viven en las aldeas chinas están muy ocupados. Trabajan en granjas, hacen la tarea y juegan con sus amigos.

En China, les gusta comer en familia. Esta familia come alimentos que se cultivaron en granjas en su aldea.

Muchos niños de las aldeas ayudan a su familia con el trabajo de la granja. Trabajan antes y después de la escuela.

Los patos son animales de granja comunes en las aldeas chinas. Las familias comen sus huevos. Venden los que sobran en el mercado de la aldea.

LA VIDA ENTRE EDIFICIOS ALTOS

Casi la mitad de la población de China sigue viviendo en aldeas. Pero las ciudades chinas crecen todos los días. En ciudades como Shanghái y Pekín viven millones de personas. Las ciudades chinas son lugares emocionantes. A toda hora del día y la noche, las personas trabajan, estudian y se divierten.

En la mayoría de las ciudades chinas, las familias viven en pequeños apartamentos en edificios altos y angostos. Estos tipos de edificios ocupan menos terreno pero tienen espacio para más personas que los edificios bajos y anchos. En las ciudades superpobladas, los edificios altos son importantes porque son un lugar donde un gran número de personas puede vivir en un espacio reducido.

> Muchas familias de la ciudad no tienen patio. Los niños juegan en parques donde hay mucho espacio.

Las calles en las ciudades chinas están llenas de personas que caminan, montan en bicicleta y conducen carros. Algunas personas viajan en trenes y autobuses abarrotados. Carteles brillantes destellan y los autobuses y los taxis dan bocinazos a las personas que cruzan las calles. Las ciudades chinas son lugares muy transitados.

Los trenes de las ciudades chinas se llenan rápidamente con muchas personas.

Estos altos edificios de apartamentos están en la ciudad china de Shanghái.

En las ciudades chinas, incluso las bicicletas pueden estancarse en el tráfico.

Compruébalo   ¿Qué hacen los niños en China para divertirse?

La mayoría de los arrozales en China se construyen a mano. Algunos arrozales se han usado para cultivar arroz por más de 1,000 años.

EL CULTIVO BAJO AGUA

¡El arroz es rico! En China, el arroz es la parte más importante de cada comida. El arroz es un pequeño grano blanco o marrón que proviene de una planta. Las plantas de arroz crecen bien en lugares cálidos y húmedos como el sur de China.

Los granjeros han cultivado arroz en China por miles de años. En la primavera, los granjeros aran la tierra. Luego plantan semillas en arrozales. Un **arrozal** es un área de tierra que se inunda con aproximadamente seis pulgadas de agua.

Muchos arrozales parecen peldaños de una escalera. El agua fluye de un arrozal más alto a uno más bajo. La mayoría de los cultivos no crecen bien en terrenos inundados, pero el arroz sí.

En el verano, los granjeros drenan el agua de los arrozales. Retiran cualquier maleza que ven. Luego inundan los campos de nuevo para que el arroz pueda seguir creciendo. En otoño, drenan los arrozales de nuevo. Luego los granjeros **cosechan**, o recogen el cultivo del arroz. El arroz se seca. Luego se lleva al molino. Un molino es un edificio donde el granjero prepara el arroz para llevarlo al mercado.

por Becky Manfredini

9

ARROZ PARA LA VENTA

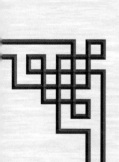

Cada grano de arroz tiene una cubierta externa seca que no puede comerse. Se llama cáscara. En el molino, los obreros y las máquinas quitan las cáscaras. Luego el arroz se limpia para sacarle las piedritas y la tierra. ¡Nadie quiere comer arroz que tenga piedritas! Después de limpiarlo, el arroz es seguro para comerlo.

El arroz limpio se coloca en bolsas. Las bolsas se ponen en cajas. El arroz se cultiva en el campo, por lo tanto, debe enviarse a las ciudades. Muchas familias de las ciudades compran arroz en mercados al aire libre o en tiendas.

El arroz se vende en mercados al aire libre como este. Los clientes inteligentes llevan el arroz a su casa en una carretilla. ¡Las bolsas de arroz son muy pesadas!

Las personas han comido arroz por más de 5,000 años.

NO SOLO SE COME

Hace mucho tiempo, el arroz pegajoso se usaba como pegamento para sujetar paredes y edificios. En la actualidad, el pegamento de arroz se usa de muchas maneras, como se muestra abajo.

¿Necesitas anotar algo? Por más de 1,000 años, los chinos han usado el arroz para hacer papel. La superficie del papel de arroz es suave y blanca.

Los artistas chinos hacen muñequitas con polvo y papel de arroz. Estas muñecas pueden comprarse en muchos de los mercados al aire libre.

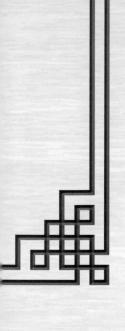

ARROZ PARA EL DESAYUNO, ALMUERZO Y LA CENA

La palabra china *fan* significa "arroz". También significa "comida". El arroz se sirve en todas las comidas en China. Quizá creas que los chinos se cansan de comer tanto arroz. Pues, no. Comer arroz en China no es aburrido.

El arroz se sirve de muchas maneras. Para el desayuno, puedes comer un tazón de crema de arroz con canela. Este es un alimento suave

que se hace con arroz cocinado en leche. Para el almuerzo, puedes tomar sopa con arroz y también arroz hervido con verduras. Para la cena, puedes comer verduras y pollo con arroz. En todas las comidas, se come con palitos chinos en lugar de tenedor. Los **palitos chinos** son palitos delgados que se usan para recoger y comer alimentos.

En China, el arroz siempre puede encontrarse en la mesa a la cena. Es delicioso solo o como acompañamiento de otro plato.

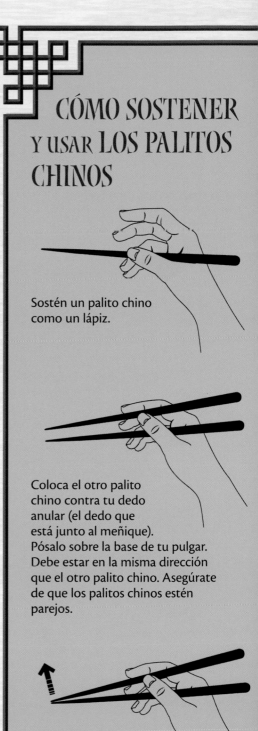

CÓMO SOSTENER Y USAR LOS PALITOS CHINOS

Sostén un palito chino como un lápiz.

Coloca el otro palito chino contra tu dedo anular (el dedo que está junto al meñique). Pósalo sobre la base de tu pulgar. Debe estar en la misma dirección que el otro palito chino. Asegúrate de que los palitos chinos estén parejos.

Mueve el palito chino superior hacia arriba y abajo. Deja quieto el palito chino inferior. Toma un trozo de camarón frito entre las puntas. Acerca con cuidado el camarón a tu boca. Mmm, mmm, ¡qué rico!

CELEBRAR CON ARROZ

Los chinos celebran las festividades de muchas maneras divertidas. Siempre cocinan y sirven deliciosos alimentos hechos con arroz.

El Año Nuevo Chino es una festividad que ocurre en enero y febrero. Dura 15 días. Los chinos celebran cada año nuevo mirando fuegos artificiales coloridos, usando ropa brillante y marchando en desfiles. El Año Nuevo Chino también es un momento en que las familias comparten comidas especiales. Muchas personas hacen pasteles de arroz pegajoso. Se dice que estas golosinas traen buena suerte y una vida dulce en el año nuevo.

El último evento durante el Año Nuevo Chino es el Festival de los Faroles. Las personas cuelgan faroles en sus casas y tiendas. Los faroles tienen diferentes colores, formas y tamaños. Los bailarines danzan con un dragón grande y colorido que simboliza la buena suerte. Las personas hacen y comen albóndigas de arroz pegajoso rellenas de nueces y frutas. Las albóndigas de arroz representan la unidad, o solidaridad, familiar.

Tanto en las aldeas como en las ciudades, el arroz es parte de la vida de los chinos. ¿Quién habría pensado que un granito podía ser tan importante?

Bailarines con trajes coloridos llevan un dragón de tela sobre varas. El bailarín principal mueve la cabeza. El resto de los bailarines mueven el cuerpo largo.

Compruébalo ¿Cómo usa el pueblo de China el arroz de diferentes maneras?

El ladrón y el elefante

relato de Elizabeth Massie
ilustraciones de Rich Lo

Los cuentos son una parte importante de la cultura de un país. Su intención es entretenernos, pero también pueden enseñarnos lecciones importantes. Un cuento popular es un relato que se transmite en las familias por muchos años. Este cuento popular chino enseña que las personas honestas no necesitan temer la verdad.

Hace mucho tiempo en China, se enseñaba a los elefantes a hacer muchas cosas. Ayudaban a los granjeros a arar su tierra, ayudaban a construir caminos y ayudaban a los leñadores a llevar troncos pesados. Muchas personas creían que los elefantes eran tan sabios como fuertes. Se decía que un elefante podía ver dentro del corazón de una persona y saber si mentía o decía la verdad.

Un día, una mujer visitó a un juez que se llamaba Ko-Kia-Yong. Estaba muy enojada. —¡Me han robado! —dijo—. Un hombre entró a mi casa anoche. Me robó mis brazaletes y collares. Quiero que encuentren y castiguen al culpable—. Le describió el ladrón al juez.

Ko-Kia-Yong le dijo que haría todo lo posible para resolver el crimen. Envió a sus oficiales para encontrar a cinco hombres que coincidieran con la descripción que había dado la mujer. Se llevó a los cinco hombres a la corte.

Los cinco hombres tenían aproximadamente la misma estatura. Su cabello estaba cortado y peinado de la misma manera. Cuando la mujer a la que le habían robado entró en la sala del tribunal, observó con atención a cada hombre. Luego señaló a un hombre y dijo que ese era el ladrón.

—¿Está segura de que ese es el ladrón? —preguntó Ko-Kia-Yong.

La mujer dijo: —Oh, sí, estoy bastante segura. Vi cómo salía corriendo de mi casa.

El juez luego abrió una puerta grande e hizo pasar a un elefante. —Esta es mi elefante. Puede decir qué hay en la mente y el corazón de una persona. Descubrirá quién es inocente y quién es culpable.

Cuatro de los hombres permanecieron de pie sonriendo cuando el elefante les tocó la cabeza y el pecho con su trompa. El quinto hombre, sin embargo, temblaba de miedo. Su cara se puso roja de preocupación. No era el hombre al que la mujer había acusado del robo.

El juez observó cómo el elefante estudiaba a cada hombre. Luego gritó: —¡Haz tu deber! El elefante envolvió al hombre tembloroso con su trompa y lo entregó a los oficiales. Se llevaron al hombre a prisión, donde confesó su crimen.

La mujer estaba atónita. —Estaba segura de que tenía razón —dijo.

Ko-Kia-Yong dijo: —En el futuro, debe tener cuidado de a quién acusa.

La mujer asintió con la cabeza y respondió: —Así lo haré, señor.

Ko-Kia-Yong le dio unas palmaditas a su elefante y dijo: —Me has ayudado a juzgar sabiamente. Ahora vete. Te esperan deliciosos alimentos en tu establo.

El elefante volvió a salir por la puerta grande, balanceando su poderosa trompa y moviendo sus enormes orejas. La mujer se inclinó ante el juez y salió de la sala del tribunal.

Al día siguiente, tres sabios fueron a la sala del tribunal a hablar con el juez. Tenían muchas preguntas que querían que les respondiera.

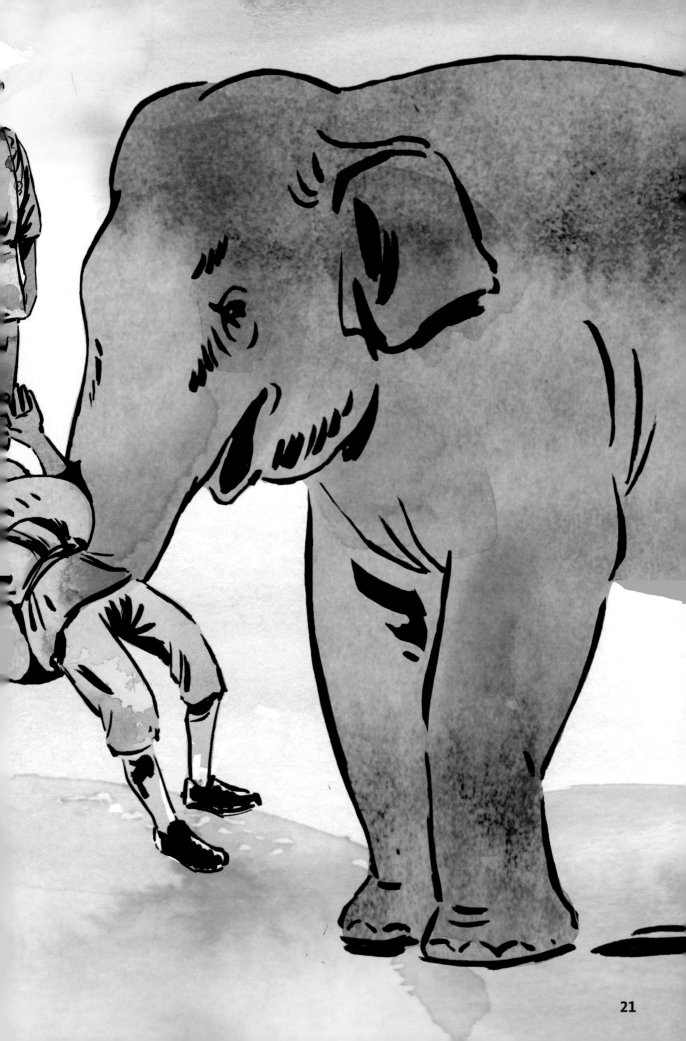

—Hemos oído hablar de tu elefante —dijo un sabio—, y estamos asombrados. No podemos creer que un animal pueda leer el corazón y la mente de un hombre.

—Sí —estuvo de acuerdo otro sabio—, identificó al ladrón. ¿Cómo lo hizo? ¿Con qué alimentas a tu elefante? ¿Qué trucos le has enseñado?

Ko-Kia-Yong solo se rió y dijo: —Mi elefante come lo mismo que comen todos los elefantes, y no le he enseñado ningún truco.

Los sabios seguían confundidos. El juez continuó: —Muchos creen que los elefantes tienen poderes especiales. Los cinco hombres que trajeron ayer lo creyeron. Por su creencia, los hombres honestos no estaban preocupados. Sabían que eran inocentes. Pero el ladrón tenía mucho miedo. Estaba seguro de que el elefante descubriría su crimen.

—Ah —dijo el tercer sabio—. No podía ocultar su terror al jurado.

—Sí —dijo Ko-Kia-Yong—, y al mostrar su culpa y miedo, mostró que era el ladrón.

Los tres sabios se fueron de la sala del tribunal ese día, agradecidos de ser honestos. Sabían que vivir es mucho más fácil cuando no se teme a la verdad.

Compruébalo ¿Por qué el culpable temía al elefante?

Comenta

1. ¿Qué crees que conecta los tres artículos que leíste en este libro? ¿Qué te hace pensar eso?

2. ¿En qué se diferencia la vida de un niño que vive en una aldea china de la de un niño que vive en la ciudad?

3. ¿En qué sentido es el arroz una parte importante de las celebraciones chinas?

4. ¿Crees que podrías haber identificado al culpable en el cuento popular? ¿Por qué?

5. ¿Qué más quieres saber sobre la vida en China? ¿Cómo puedes aprender más?